Kaikki äänet ja valo

Kimmo Kettunen

Kaikki äänet ja valo

Yöstä tulee päivä 4
Tienviitta tänne 5
Silmän kameralla otan kuvia 6
Osa puutarhasta jää villiksi 7
Tulen tänne, kun usva nousee vedestä 8
Lasket aikaa 9
Tulikuumat paarmapäivät 10
Heinäsirkka soi 11
Kesä seisoo käsillään ojan pohjalla 12
Kun tuoksuu kylmä maa 13
Heinäsirkkoja on! 14
Oi, jos oisin satakieli 15
Kaiken aikaa 16
Ruoho laulaa 17
Aika laskee alas 18
Älä kasva, ruoho 19
Linnut eivät huomaa hiljetä 20
Kvartsi sykkii harvaan 21
Hämärän työkalut 22
Valoa, taivasta ja vettä 23
Kirjoita nopeasti ja hikisesti 24
Aika kahlaa meille mahdollisuuksia 25
Täällä on täällä on 26
Kirjat ruohossa 27
Hämärä oli kohdallaan 28
Ilta yöpyy pimeään 29
Vedä ylle illan tyhjä takki 30

Elämän pöly

Kuinka väsynyt onkaan meri 31
Pyökkimetsä kasvaa lattiassa 32
Suuret luvut tanssivat hitaasti ohitsemme 33
En pysy ajan tasalla 34
Kuolleilla on asiat niin paljon paremmin 35
Jokin päivä alkaa taivaalta mätkähdellä 36
Koko luomiskertomus 37
Kynät tanssivat paperilla balettia 38
Hiroshiman aurinko putosi 39
Vanhuus tuli yksin 40
Sitä minä ihmettelen 41
Minäkö? 42
Outo kaupunki 43
Saldo mortale 44
ABSOLUTAMENTO NECESARIO, SENOR
FIRMIN 45
Ja se ihana päivä 46
Sanoja äärettömän hihasta 47
Aika on kulumista 48
Ach du liebe Augustin! 49
Elämä on saari 50
Päivät ovat harmaita ja veteliä 51
Hallituksia syntyy 52
Katsoa vain 53
Heinäkuu 54
Jotkut syntyvät kuolleina,
toiset kuolevat elävinä 55
Terveydeksi 56

Yöstä tulee päivä
julkea valo,
kirkas ja viiltävä
todellisen nimi.

Tienviitta tänne,
6 kilometriä.
Lyhyt matka,
kauas,
ajasta pois.
Perillä kuvittelen kaiken
kaksikymmentä vuotta sitten,
päivät pitkät, päivät pitkät,
ja me, vapaat ihmiset,
kansalaiset maanpaossa,
karkuteillä metsässä tai järvellä,
tillosissa,
niin kuin sinä sanoit.

Silmän kameralla otan kuvia
mielen rullaan
jossa värit eivät haalistu
vaan syvenevät vuosi vuodelta,
kunnes kuva kirkastuu,
paljastaa itsensä muiston selkeytenä.

Osa puutarhasta jää villiksi. Kaiken hyvinjärjestyksen
keskellä sekaannus rauhoittaa, kasvaa omaa hedelmää.
Elämä täällä on elettyä ja uutta,
kerroksittain,
ohitse käy ajan polte.

Tulen tänne, kun usva nousee vedestä,
kun hämärä laskee
ja pellot kasvavat tyhjää.
Ja täällä,
ääniä hämärän rajoilta,
kun vain on.

Lasket aikaa
öissä ja pimeänä,
huominen on aina yön jälkeen,
tulevaisuus monen yön perästä
lapsella on aina tänään

Tulikuumat paarmapäivät,
lokinhuutopäivät,
aika ja valo
kesänkiihko,
rytmivalo maisemaan.

Heinäsirkka soi
omaa monotoniaansa,
kesän viimeisessä valossa
kuultaa ääni luoksesi.

Kesä seisoo käsillään ojan pohjalla. Heinäpellon kupeessa
kaljatonkka varjossa, uimassa ojan vedessä. Istutaan,
istutaan. Pelto laittautuu korjuuseen, seipäät kohoavat
vihreästä maasta metsäksi, muuttavat väriään hitaasti.
Aurinko kuihduttaa laitumet.
Jään juoksemaan polulle mäen ja rannan väliä,
talolta saunalle,
pellon viertä aamusta iltaan, unen ja toden väliin,
pysymättä missään.

Kun tuoksuu
kylmä maa,
kostea,
utu,
on aistittava
maailma,
illan valaisema

Heinäsirkkoja on!
En sytytä valoa, en vielä. En tunnusta iltaa.
Voikukat kukkivat täydessä leveydessään,
kun kesäpäivä katsoo hitaasti.

Oi, jos oisin satakieli,
polyglotti,
istuisin kirjaston hämärässä
ja puhuisin kaikilla kielillä.

Kaiken aikaa
kaiken aikaa
tuuli kylvää maan radalleen
aika auraa kuolleet sivuun
kaiken aikaa
soi illan kuulaus

Ruoho laulaa,
heinäsirkat jymisevät
korsissa
tuulen kahina
pyyhkii ajan yli.

Aika laskee alas, kulkee, mutta ei unohda meitä.
Ojat kukkivat vettä sateen jälkeen,
aurinko kiiltää märkää katsetta.
Tiet sammuvat horisonttiin,
taivaan pilvet juovat vettä laitumillaan järvien
aitauksissa.

Älä kasva, ruoho,
turhaan
älä viheriöi, puu,
tyhjään
älä laula, lintu,
mykkyyteen,
sillä poikaa ei enää ole.
Jos jostain saan kevään ja kesän
tuon ne vielä,
vaikka sinä et niitä näe.

Linnut eivät huomaa hiljetä,
kun kukaan ei niille kerro,
komenna.
Moottorin ääni sotkee veden,
kun nopeat miehet veneissään
ajavat iltaa aitaukseensa nukkumaan.
Joku moottori ajaa selällä. Ei muuta, ei koko päivänä.
Tänään ei tule ketään; uskon sen illalla odotuksen
hiljaisuudessa.

Kvartsi sykkii harvaan,
siirtää aurinkoa ensin ylös, ylös,
pudottaa sitten alas.
Kierittää, kierittää,
menettää otteen,
niistää valon puiden latvoihin,
ja aurinko putoaa veteen
kuin jyrkkä mielipide.

Hämärän työkalut avaavat
pimeän venttiiliä
elokuun illassa
kun aika kaatuu veden yli
pimeässä et enää katso,
tarkkaile,
olet näkemättä,
omasi, itse.
Huoneen valossa yöllä
kuulen kaiken äänen
ja valon tulevan
ikävän ja odotuksen käynnin
hiljaiset lyönnit.

Valoa, taivasta ja vettä. Mitään ei jaksa tehdä. Makaan
salissa ja katson, kun valo muuttuu illan
suodattimissa. Ulkona on sateen jälkeinen sees.
Tulee ilta ja yö, aurinko laskee vitkaan ja näkyvästi.
Johonkin väliin luen Lowrya, Tulivuoren juurella.
Muu ei sopisikaan tähän ajatuksen hitauteen.
Radiosta alkaa soida Chopinin 2. pianokonsertto,
B-molli, opus 35. Surumarssi.
Auschwitzin eloonjääneet, ne harvat, vapautuvat
ikuisesti tässä tahdissa.
Jalkojen laahausta, rytmiä, ei unohda.

Kirjoita nopeasti ja hikisesti, kirjoita päivän
tuotanto. Kirjoita maailma, maa ja taivas, vesi,
tuli, ilma ja kivi. Kirjoita kivet täyteen, yö
tyhjäksi, kirjoita aamun hiljaisuus ja päivän
kuumuus. Ala jo, älä lopeta. Älä irrota kynää
kädestä, älä päästä pois paperilta. Älä irrota
ajatuksia maailmasta, älä vettä taivaasta. Anna
sataa, anna tuulla; anna linnun lentää, veden
virrata ja hiekan lämmetä aurinkoon. Anna mullan
soida maan laulua, matojen marssia. Anna puun
kasvaa ja keinua, tuulen kulkea latvustoissa. Anna
elämän kirvota vauhtiin: me olemme, ja elämme,
niin kuin aina ja ei koskaan.

Aika kahlaa meille mahdollisuuksia,
polkua veteen
ja pimeys on alkuaine,
vesi ja liike,
kun äänet kulkevat ohitse illassa.

Täällä on täällä on
väsynyt kivi vedessä
auringon paiste pilveen,
täällä on taipunut korsi
lupauksen illassa,
veden virta,
täällä on pelto kuin taivas,
kynnetty tyhjiin,
vesi niitetty,
hiekka haravoitu
ja pilvet paimennettu
täällä on kaikki tehty valmiiksi
tulevaan,
kaiken varalle ja kaiken vuoksi
kaikki on tehty
ennen kuin vesi nukkuu
ennen kuin ääni vaikenee
rannan hämärään
kun vielä valvoo
rauha ja ilta.

Kirjat ruohossa
sanat tuulessa,
auringon paahteessa
kunnes pimeä ne korjaa
mustat kirjaimet
sivujen lumilakeuksilla
luettavina, ymmärrettävinä
sanoina ja lauseina,
kunnes valuvat kuiviin,
ammutut ruumiit
ja ovat vaiti.

Hämärä oli kohdallaan, hyvin asettuneena. Ja hämärässä
sävyt, hiljaisuudessa ääni.
Tarkistin vain, että on pimeää. Hiljaista.

Ilta yöpyy pimeään
vajoaa hiljaiseen,
linnut nukkuvat
lehtinä puiden oksilla.

Vedä ylle illan tyhjä takki,
paina käsi hihaan
yö kutsuu kävelylle,
katoamaan.

Elämän pöly

Kuinka väsynyt onkaan meri
pauhattuaan koko päivän rantaan
kuinka hakattu on kallio
meren säälimättömistä hyökkäyksistä,
kuinka kuuro taivas ukkosen jyminästä?
kuinka mykkä on yö ihmisten huudoista?
Jos menet katsomaan merta
ota mukaasi hiekkaa,
ripota se aaltoihin
ja meri on sinulle hyvä.

Pyökkimetsä kasvaa lattiassa,
hohtaa punaisena
vain uuninluukkujen kolahdukset eivät kuulu
ja poltetut ovat vaiti
pyökkimetsä kasvaa
ja kukoistaa,
kaikissa sieluissa
lieskat hohtavat punaisina
pyökkimetsä kasvaa sielussa ja lattiassa,
kasvaa ja leviää
vain uuninluukut eivät kuulu,
mutta lieskat polttavat ja kärventävät
ja poltetut ovat hiljaa
me kaikki olemme kotoisin pyökkimetsästä
me kaikki olemme pyökkimetsän pyöveleitä,
uuninluukkujen avaajia

Suuret luvut tanssivat hitaasti ohitsemme,
ohittavat meidät
hämärässä ja tuulessa sivuilleen vilkaisematta,
taakseen kääntymättä,
mutta matemaatikkojen metsässä
luvut kulkevat hiljaisen kunnioittavasti
nielaiseeko ääretön pimeys äärellisen
ja ääretön avaruus äärellisen
tai äänekäs äänettömän,
niin kuin Aristoteles luuli
äärellisten lukujen katoavan äärettömien kitaan?

En pysy ajan tasalla
mutta pitkän päälle olen aikaani edellä
ja in the long run we are all dead
kun aikamerkki näytetään
poistun asentoa valitsematta,
ilman tyylipisteitä

Kuolleilla on asiat niin paljon paremmin
kivet järjestyksessä
elämä hallinnassa,
enää ei tarvitse valittaa
eikä voihkia,
tuskitella elämätöntä elämää
kuolleilla on asiat niin paljon paremmin
omissa kaupungeissaan,
siisteissä kortteleissa
kerroksittain toistensa päällä
kuin aikakaudet.

Jokin päivä alkaa taivaalta mätkähdellä
ihmisruumiita kuin suuria vesipisaroita. Tulevat
takaisin taivaan ilosta maan
helvettiin, syntyvät uudestaan, kiertävät kuin
ravinteet ja materia. Siinä saa varoa ja
väistellä, ettei jää alle. Mitään suojaa ei ulkona
liikkujalla ole, kun oikein paha rajuilma sattuu
ja taivaalta vyöryy alas väkeä koko ajan. Täytyy
vain pysyä seinien sisällä ja katsella
varovaisesti ikkunasta ulos sitä menoa. Se on
lätinää sitten, kun lihaa tulee. Varokaa autuaat
sitä hetkeä!

Koko luomiskertomus on kuin luettaisiin strukturalismin
syntysanoja. Tehdään maailma, jossa on eroja,
vastakkaisuuksia:
on vesi ja maa, yö ja päivä, maa ja taivas.
Tyhjyyteen, kuolleeseen, luodaan elämä, liikkuvia
liikkumattomaan.
Ja sitten käsittämätön poikkeama: jumala luo ihmisen
omaksi kuvakseen. Tekee samanlaisen kaikkeen
erilaisuuteen?
Aatami ja Eeva huomasivat olevansa alasti, kun silmät
aukenivat.
Mitä, oliko jumala puettu?

Kynät tanssivat paperilla balettia
varpaat sirosti ojennettuina
kurottuvat tyhjän ylle työhön
nilkat suorina
kynällä rokotat
todellisuuden paperit,
panet henkilötodistuksen kuntoon.

Hiroshiman aurinko putosi,
räjähti kirkkaiksi palloiksi
protoneiksi, neutroneiksi
ihmisten sokeisiin silmiin,
palaneelle iholle,
talojen tuhkausvaan.
Kaupunki sortui huutoon,
palaneiden varjot heittyivät seiniin
kaikki kaatui mustaan valoon,
pisteeseen ajan taakse.

Vanhuus tuli yksin,
käskin sen pois.
Sanoin, että tulee
vasta kun tuo jonkun mukanaan.

Sitä minä ihmettelen,
että niin iso ja äänekäs mies
keräsi maljakoita
mykkiä olemattomia esineitä,
hempeän värisiä lieriöitä.
Olisi kerännyt jotain liikkuvaa ja äänekästä
eteenpäin kulkevaa,
olisi kerännyt jotain, joka ei mahdu ovesta sisään,
niin kuin ei itsekään mahtunut
äänensä, kokonsa ja sielunsa kanssa,
olisi kerännyt jotain sielunsa kokoista,
minnekään sopimatonta ja levotonta
paikallaan pysymätöntä ja häviävää.
Mutta keräsi maljakoita,
kokosi hiljaisuutta hyllyyn
muistuttamaan itsestään
sitten kun olisi mennyt.

Minäkö?
Minä olen enkukaan enmikään enmistään.
Tai sama toisin: tulen tyhjästä, häivyn tyhjään. Siinä
välissä ehdin ottaa joitain hätäisiä uimaliikkeitä,
rannassa.

Outo kaupunki
on uusi peli, kieli,
jota et osaa.
Silti tiedät olleesi
täällä aikaisemminkin,
aina.

Saldo mortale,
repeämisen ääniä,
lihan, luiden, keuhkojen,
kuuntelet rauhallisesti
kuolinkellojen syvää sointia.

ABSOLUTAMENTO NECESARIO, SENOR FIRMIN

Hoipertelijat, huojujat, horjujat
huterot heilujat
haparoivat, hamuilevat
hourailijat huohottavat,
kveekarit uudessa ajassa
vaeltavat vapisevin polvin
mutisevin huulin
samein silmin
ja maa on autio ja tyhjä
ja pimeys on syvyyden päällä,
kun jalka heittää lavealla tiellä.

Ja se ihana päivä, kun voi lyödä takaisin (mielessä
Björlingin lause "Gud slog mig. Jag smällde
tillbaka.") Antaa mennä, surutta, jos kohta
vihattakin, pelkästä lyömisen ilosta ja
omanarvontunnosta: hetkellisestä
suuruudenhulluudesta, sarkastinen hymy huulilla.

Sanoja äärettömän hihasta

Sitä tavoittelee totuuden banaaneja sanojen kepillä (ja
niin pitkä matka, niin pitkä matka).

Sinua seuraavat sanat,
maailman varjot (jottei sinun tulisi ikävä).

Saatava sanoja väliin, kun todellisuus lyö.
Puolustusasento, hätäisesti.

Tulee lappu: "Olette ehkä olemassa. Lähettäkää
henkilökohtainen arpanumeronne tarkistusta varten..."

Aika on kulumista

Nautinnoistaan kukaan ei luovu. Mutta miten järjestää
välttämätön ikävä, elämän jokapäiväisyys?

Maailma meni ohitse,
unohdettiin vilkuttaa kyytiläisille.

Jatkaa todellisuutta mielikuvituksella
niin kuin hölmöläinen peittoa.

Ottaa maailmasta mittaa, ei tukea.

Ehkä elämä on yritys tunkea pitkät jalat ja paksu perse
vielä kerran polvihousuihin.

Lähdit sitten sinäkin matkaan,
Augusto,

ja maailmassa on yksi roisto vähemmän,
huokaavat monet.

Arkkusi lasikannen alta toljotit kuin sammakko
mitään ymmärtämättä,

seurasit turhia kumarruksia
ympärillä.

Olisivat laittaneet sinut spriihin,
isoon pulloon
ja vieneet Pietarin kansatieteelliseen museoon
muiden kummajaisten kanssa.

Et olisi joukosta erottunut
sammakonnaamallasi mitenkään.

Sinun aikasi koitti,
kuolit tuomitsematta.

Tilejä jäi tasaamatta
vannotut kostot täyttämättä
mutta parempi silti yksi kuollut sammakko-Augusto tuomiotta,
kuin elävä,

sammakonkasvot lasissa kiinni.

Elämä on
saari, autio
puuton ja
tyhjä,

kallio
jota aallot
heijaavat mereen
But no man is an island

Ehkä silti saari saaristossa,
on this treasure island
jossa

laulumaiden rastaat ja
kaskaat,
laulusta
raskaat

soivat.

Eikä kukaan ole saari,
autio,

korkeintaan saari
saaristossa.

Päivät ovat harmaita ja veteliä
kuin Dalin kello
syyspäiväntasauksessa

ja tämäkin vain pahenee.

Miten sitä verkkaisuutta
ja vetelyyttä mittaisi,

ei taida enää Dalin kellokaan
riittää.

Ehkä tämä on Oblomovin asento,
syvä kooma,

ei melankolia, vaan melatoniini,
Tikkurilan värikartta
syksyksi ja talveksi
kun

pimeä kerää elimistöön
lyijyä,
raskasta vettä,

joka alkaa jätättää.

Hallituksia syntyy, ihmisiä kuolee, eläimiäkin. Toisilla on ohjelma, toiset ovat ohjelmaa. Politikoi siinä sitten, hoida asioitasi, yksityisiä ja yleisiä, vuoroon, sormet sormien lomassa, hurskaasti. Muista hengittää välillä, puhalla ensin ulos, sitten sisään, ota happi haltuun, päästä hiilidioksidi vapaaksi, ilmakehään, vaikka se ei sille hyväksi olekaan, kasvihuonekaasu. Mutta muutakaan et voi, vaikka haluaisitkin. Vedä henkeä syvään. Hallituksia syntyy, ihmisiä kuolee, avaruudessakin voi olla elämää, kuviteltua isompaa, hengitä siis vielä kerran, kerta kiellon päälle, kerta kaasuuntuvaan avaruuteen.

Katsoa vain oksien hiljaisuutta,
katsoa vain.

Puhua vain tuulta ja kylmää, kulkea vain ilmaa.
Savuta hiljaa mennessään,
kadota tuuleen,

kun tuuli pyyhkii meidät pois kirjanpidostaan.

Heinäkuu. Elämän loppuun. Ei muuta.
Elinikäinen heinäkuu, ilman muistia, ilman tulevaa. Muuta en
pyydä kuin kesäillat.

Jotkut syntyvät kuolleina, toiset kuolevat elävinä

Mies hankki elämälle lähestymiskiellon. Hiljaista tuli.

Tunne itsesi. Mitä sitten tapahtuu?

Alussa oli - arvaus.

Tunnetun lauseen korollaari: bordellinpitäjä voittaa aina.

Muistelijan ohjenuora: kyllä mennyt suuruus nykyisen
pienuuden voittaa.

Asiantuntijakin erehtyy. Työkseen.

Työvoitto elämästä: kuolema.

Toukokuu: linnut viheltelevät. Kevät tulee eleettä,
diivailematta.

Muisti on meille sitä varten annettu, että unohtaisimme.

Sädehoidosta tulevan mietteitä: hiukset lähtevät, lähdenkö
minäkin?

Raahaat pettymyksiä perässäsi kuin petetty morsian huntuaan.
Saksia sentään vielä myydään.

Näyttäkää minulle kärpänen, joka tekisi pahaa ihmiselle!

Sukeltaja joutui työkyvyttömyyseläkkeelle, kun ei päässyt enää
pintaa syvemmälle.

Terveydeksi

Käteen työnnetään lopuksi neljän oravan standaari
ja puoli tusinaa pankin hopealusikoita.
37 vuotta työtä ja ei kun menoksi.

Korviin jää kaikumaan juhlapuhe
tehdyn työn merkityksestä,
niin kuin et muka olisi sitä itse tiennyt.

Mutta mitä tekee miehellä,
joka on sairaalloisen mustasukkainen,
peliriippuvainen, alkoholisti ja saita?

Olisivat antaneet koko tusinan,
mietit mielessäsi,
kävelet ulos kadulle,
menet kotiin pankin vuokra-asuntoon, olet eläkkeellä.
Parin vuoden kuluttua pankki on ensin fuusioitu pois,
sitten vaihtanut nimen lisäksi maata ja kieltä,
kansaa ja kulttuuria,
kaipa ne kruunuissa laskevat rahansakin.
Lopulta pankki myy kiinteistönsäkin,
asettuu vuokralle pääkonttoriinsa,
jossa sinäkin elämäsi istuit,
ulkomaan vienti- tai tuontiperittävät,
liekö sellaista enää olemassakaan.

Mutta mitä tekee miehellä, jolla on verenpainetauti,
aikuisiän diabetes, sepelvaltimotauti,
huono selkä, tekonivel lonkassa,

eikä sekään tahdo pysyä paikallaan?

Nyt eläke juoksee,
ja pankista voit lukea historiikin.
Maalla on asuttu kymmenen vuotta,
yksi koira jo haudattu,
se matoille kuseva sokea muuli.
Terveyttä pitäisi hoitaa eläkkeellä,
sanovat joka puolella,
olisi elämä laadukkaampaa.
Ja hyvinhän se on sujunut:
kolesteroli on 3,5, lähenee kai nollaa,
ihanteellista.

Vaan mitä tekee miehellä, joka ei opi mitään,
uhoaa ja karjuu,
mitä tekee miehellä, joka on tekopyhä,
hieno mies ja paska jätkä?
Mitä tekee miehellä, joka ylistää itseään
ja alistaa muita?

Syöt kevyesti,
vältät rasvaa, sokeria ja suolaa,
olet oikea mallikansalainen.
Kapseleista saa kalaöljyä, vitamiinia, inkivääriä,
mitä nyt elämän vaivoihin tai elämättömyyden
vaivattomuuteen tarvitsee.
Rasvat lämmittävät jalkoja, kun villasukat eivät helteellä riitä,
punainen lihakaan ei ole kovin tarpeellista,
sanoi joku lääkäri,
ja sinä laitat pakastepinaattikeiton mikroon.

Aamulla kaurapuuroa, päivän pakollinen osuus,
ja kolesteroli lähenee nollaa,
hitaasti mutta varmasti.
Sinä lähenet silti kuolemaa.

Vaan mitä tekee miehellä,
joka ei ymmärrä heikkenevänsä,
ei kuuntele järkipuhetta selvin päin saati kännissä?
Hautaanhan se jo joutaa ilmaa pilaamasta,
ääntä pitämästä.

Oma torjuntataistelusi sujuu hyvin,
ja elämä on tervettä,
mutta se on jo ohi,
auttamatta.

Ei auta hampaiden hoitaminen,
ei auta kolesterolin nollaaminen,
pitkän päälle me kaikki kuitenkin kuolemme,
asentoa ja ilmettä valitsematta,
ilman tyylipisteitä.

46 vuotta tätäkin avioliittoa,
ja tähän on päästy:
ollaan odotushuoneessa
odottamassa siirtoa hautausmaalle,
lopullista multakuormaa
joka tulisi kasvoille,
ellei arkunkansi pidättelisi.

Kustantaja:
BoD – Books on Demand, Helsinki, Suomi
Valmistaja:
BoD – Books on Demand, Norderstedt, Saksa
ISBN 978-952-339-087-4